어린 장자

글 / 정해왕

충남 서천에서 태어나 연세대학교에서 국문학을 공부했습니다. MBC창작동화대상과 대한민국스토리공모대전에 당선하였고, 지금은 [어린이책작가교실]에서 튼실한 작가를 길러내는 일에 힘쓰고 있습니다.
그동안 펴낸 책으로는 〈토끼 뻥튀기〉, 〈나이 도둑〉, 〈자린고비 일기〉, 〈뺑덕의 눈물〉, 〈거짓말 속의 참말〉, 〈으라차차 큰 일꾼〉 등이 있으며, 초등 국어책에 〈금강초롱〉과 〈오른발 왼발〉(번역)이, 중등 국어책(대교)에 〈한글 피어나다〉가 실렸습니다.

그림 / 김효찬

일상의 작은 것을 사랑합니다. 노트와 펜을 들고 다니며 주변의 구석구석을 화폭에 담습니다. 따뜻한 이야기를 풀어놓는 작가로, 새로운 세상을 색칠하는 화가로, 경계를 허물고 장르를 넘나드는 일상의 여행자로 의미 있는 여정을 한 걸음씩 걸어가고 있습니다. 그동안 〈나는, 나는〉, 〈펜과 종이만으로 일상 드로잉〉, 〈펜과 종이만으로 인물 드로잉〉, 〈펜과 종이만으로 어반 드로잉〉, 〈하나로 연결된 삶〉, 〈마이너리티 클럽〉과 〈오래된 서울을 그리다〉 등을 펴냈으며 〈나는 개구리다〉, 〈괜찮아, 방법이 있어〉의 그림을 그렸습니다.

어린 장자

초판 1쇄 2022년 3월 18일 | 초판 2쇄 2023년 10월 25일
글 정해왕 | 그림 김효찬 | 펴낸이 이한상 | 디자인 김신애
펴낸곳 (주)월천상회 | 출판등록 제395-251002015000025호
주소 경기도 고양시 덕양구 으뜸로110, 1-1238 | 전화 050-5333-7715 | 팩스 02-6280-5480
홈페이지 www.moon1000.net | 이메일 book.moon1000@gmail.com
인스타그램 @moon1000_biglad14

ISBN 979-11-90352-14-7 (73100)
어린 장자 ⓒ 정해왕, 김효찬 2022

※ 이 책의 모든 글과 그림은 저작권법에 의해 보호를 받는 저작물이므로 무단 전재와 무단 복제를 금합니다.
　잘못 만든 책은 구입하신 곳에서 바꾸어 드립니다.

장자에게
배우는
생각의 힘

어린 장자

정해왕 글 / 김효찬 그림

이야기 곳간
월천상회

안녕? 나는 '어린장자'예요!

안녕하세요? 어린이 여러분!
그리고 아직은 마음 한구석에 동심을 간직하고 계신 어른 여러분!
저는 '어린장자'예요. 혹시 '어린왕자' 아니냐고요? 그 아이는 프랑스의 생텍쥐페리 아저씨가 쓴 동화의 주인공이잖아요. 저는 프랑스에서 온 게 아니라, 한국과는 아주 가까운 중국에서 왔답니다. 하지만 까마득히 먼 옛날로부터 말이죠.

사실 저는 '장자' 할아버지가 보낸 심부름꾼이에요. 장자 할아버지는 지금부터 2400년 전쯤 중국 땅에 살았어요. 넓은 중국 땅을 구름처럼 떠돌아다니며 사람들에게 아주 재미나고 특별한 이야기들을 들려주었지요. 그 이야기를 모아서 엮은 책도 있는데, 제목이 할아버지 이름과 똑같은 〈장자〉랍니다.

  하지만 그 책은 워낙 내용도 어려운 데다가 한문 투성이라서, 어린이는 물론이고 어른들도 알아먹기가 힘들어요. 그래서 장자 할아버지가 저를 보낸 거예요. 할아버지의 이야기를 한국 어린이들에게 알기 쉽고 재미나게 들려주라고요.

  이 책은 어린이 여러분이 먼저 읽으면 좋겠어요.

아직 여러분은 마음의 눈이 맑을 테니까요. 그러고 나서, 여러분과 한집에 사는 어른들한테도 들려주세요. 마음 한구석에 동심을 간직하고 있는 어른이라면, 제 이야기에 '쫑긋' 귀를 기울일 거예요.

  저는 장자 할아버지의 이야기를 전하면서, 시시콜콜 뜻풀이를 늘어놓지는 않을 참이에요. '이 이야기는 이런 뜻이고, 저 이야기는 저런 뜻이고' 하면서 꼬치꼬치 토를 달면, 어디 이야기 들을 맛이 나겠어요? 장자 할아버지도 그러지 말라고 하셨거든요.

  차라리, 이 책에 실린 한 편 한 편의 이야기를 가지고, 어린이와 어른이 그 뜻을 함께 찾아보는 것도 좋은 방법이겠네요.

 이제, 저는 이 책을 읽는 사람의 마음속에 들어가 살 거예요. 앞으로도 제가 영원히 늙지 않도록 여러분이 지켜 주리라 믿어요.

어린 마음에 깃들어 사는
'어린장자'로부터

차 례

안녕? 나는 '어린장자'예요! • 4

쓸모없으니까 오래 살았지 • 10
오리 다리는 짤록, 학 다리는 길쭉 • 14
손 트지 않는 약 • 18
아침에 세 개, 저녁에 네 개 • 24
사마귀가 앞다리로 수레를 막다 • 26
도둑을 도와준 주인 • 28

이맛살만 찌푸리면 다 예쁜가? • 32
작은 걸 버려야 큰 걸 얻지 • 36
우물 안 개구리의 자랑 • 40
남의 걸음걸이를 흉내 내다가 • 44
올빼미의 쓸데없는 걱정 • 48
새한테 술을 왜 먹여 • 50

매미 잘 잡는 곱사등이 아저씨 • 54

싸움을 가장 잘하는 닭 • 58

까치야 까치야 뭐 하니? • 62

나 혼자는 할 수 없어요 • 66

날아가는 화살을 잡는 원숭이 • 70

고깃국 먹을 팔자 • 74

지금 주세요 • 80

큰 고기를 잡으려면 • 84

나는 상 받기 싫어요 • 90

다리 밑에서 만나요 • 96

어떻게 그림자를 떼어낼까? • 100

보석을 제자리에 갖다놓아라 • 104

| 도움말 | **전쟁과 경쟁의 시대에 〈장자〉를 읽다** • 108

쓸모없으니까 오래 살았지

 나무로 가구를 만드는 목수가 있었어요. 어찌나 튼튼하고 아름답게 가구를 만드는지, 주위에 소문이 자자했지요. 이 목수는 나무 고르는 눈도 남달랐어요.
 하루는 목수가 자기 제자를 데리고 좋은 나무를 구하기 위해 먼 길을 떠났답니다. 가는 길에 어느 마을을 지나다가 어마어마하게 큰 나무 한 그루를 발견했지요.
 나무 꼭대기엔 구름이 걸쳐 있고, 몸통은 또 어

찌나 굵은지 어른 열댓 명이 손에 손을 잡고 둘러서야 한 바퀴를 돌 수 있을 정도였어요. 나무 둘레에는 멀리서부터 나무를 구경하러 온 사람들로 북적거리고 있었지요.

"세상에, 세상에나, 어떻게 나무가 이렇게 크게 자랄 수 있담?"

"그러게나 말일세. 나이가 천 살은 넘었을 거야."

하지만 목수는 그 나무를 위아래로 한 번 주욱 훑어보기만 하고는, 그냥 가던 길을 계속 가더래요.

제자는 한참 동안이나 넋 나간 사람처럼 그 나무를 올려다보았어요. 그러다가는 자기 스승이 저만치 앞서가는 것을 보고는 얼른 뒤쫓았지요.

"스승님! 스승님! 아니, 저렇게 좋은 나무를 보고도 왜 그냥 지나치시는 겁니까? 저는 세상에 태어나서 저만큼 크고 멋진 나무는 본 적이 없습니다."

"저 나무는 아무짝에도 쓸모가 없느니라. 배를 만들면 가라앉고, 널을 짜면 금세 썩고, 가구를 만들면 쉬 망가지고, 기둥을 만들면 좀이 슬어 버린단 말이다."

"아니, 나무를 베어 보지도 않고, 그걸 어찌 아십니까?"

"만약에 저 나무가 좋은 목재라면 여태껏 사람들이 그냥 내버려 두었겠느냐? 아무 쓸모도 없으니까, 저렇게 오래 살아남을 수 있었던 게지."

오리 다리는 짤막, 학 다리는 길쭉

하루는 어떤 어부가 물고기를 잡으러 연못가로 나갔대요.

마침 물오리 한 마리가 물가를 거닐면서, 부리로 수풀 사이를 헤집고 있었어요.

그 물오리를 보더니, 어부가 혀를 차며 말했어요.

"쯧쯧, 너는 다리가 너무 짧아서 참 불편하겠구나. 내가 널 도와주마."

어부는 물오리를 붙잡았어요. 그러고는 억지로

다리를 잡아 늘이는 거예요. 물오리가 달아나려고 아무리 발버둥을 쳐도 소용이 없었지요.

마침내 다리가 늘어난 물오리는 흐느적흐느적 걷다가는 물속으로 풍덩 뛰어들었어요.

이번에는 어부의 눈에 학 한 마리가 띄었어요. 그 학을 보더니, 어부는 또 혀를 차며 말했어요.

"쯧쯧, 너는 다리가 너무 길어서 참 불편하겠구나. 내가 널 도와주마."

어부는 학을 붙잡았어요. 그러고는 다리를 싹둑, 싹둑 잘라내더니 짤막하게 붙여 주는 거예요. 학이 아무리 달아나려고 발버둥을 쳐도 소용이 없었지요.

마침내 다리가 짧아진 학은 절뚝절뚝 걷다가는 하늘로 푸드덕 날아가 버렸어요.

손 트지 않는 약

옛날 어느 나라에 남의 빨래를 대신 해 주면서 밥을 먹고 사는 집이 있었대요. 지금으로 치자면 세탁소인 셈이죠.

그 집에서 가장 어른인 할아버지한테는 신기한 재주가 있었어요. 바로 '손 트지 않는 약'을 만드는 재주였지요. 그 약을 손에 바르고 빨래를 하면 손이 트질 않으니까 얼마나 좋았겠어요?

하루는 웬 나그네가 찾아와 할아버지한테 이렇

게 말하는 거예요.

"내가 금화 백 개를 드릴 터이니, 그 재주를 나한테 가르쳐 주시오."

귀가 솔깃해진 할아버지는 아들, 손자, 며느리들을 죄다 불러 모아 말했어요.

"우리가 조상 대대로 빨래를 해 오고 있지만 한 번도 큰돈을 벌어 본 적이 없지 않느냐? 마침 좋은 기회가 왔으니 이 재주를 팔자꾸나."

그렇게 해서 빨래하는 집 식구들은 큰돈을 벌었어요. 집도 새로 짓고, 살림살이도 새것으로 바꾸고, 좋은 옷도 서너 벌씩 해 입었지요. 하지만 달리 할 줄 아는 게 없었기 때문에, 그 집 식구들은 그 뒤로도 계속 남의 빨래를 해 주면서 살았답니다.

그런데 약 만드는 방법을 배운 나그네는 곧장 궁궐로 찾아갔어요. 그리고는 임금님 앞에 엎드려 이렇게 말했지요.

"임금님, 저에게는 손 트지 않는 약을 만드는 신기한 재주가 있습니다."

"손 트지 않는 약이라고? 그걸 어디다 쓴단 말이냐?"

"이 약은 병사들이 겨울에 싸움을 하려면 꼭 필요한 약입니다."

"오호라, 일리가 있는 말이로구나. 그대는 참 좋은 재주를 지녔도다."

임금님은 나그네더러 궁궐에 머물러 지내다가 나중에 자기를 도와 달라고 했지요.

때는 몹시 추운 겨울이었는데, 마침 이웃 나라 군대가 쳐들어왔지 뭐예요. 임금님은 그 나그네를 장수로 삼고는, 병사들을 이끌고 싸우러 나가게 했답니다.

나그네는 싸움터로 나가기 전에 병사들에게 손

트지 않는 약을 나누어 주며 말했어요.

"모두들 이 약을 손에 듬뿍 발라라. 그러면 찬물이 아무리 묻어도 손이 트지 않을 것이다. 우리의 작전은 적군을 강가로 끌어들이는 것이다. 물속에서 싸운다면 우리가 훨씬 유리하니까 말이다. 알겠느냐?"

병사들은 나그네의 말대로 일부러 지는 척하면서 강가로 달아났어요. 그러고는 이웃 나라 병사들을 물속으로 끌어들여 싸움을 벌였지요.

일찌감치 손에 약을 바른 나그네의 병사들은 아무렇지도 않았지만, 이웃 나라 병사들은 물에 젖은 손이 차디찬 겨울바람을 맞아 쩍쩍 갈라지는 거예요. 그러니 제대로 싸울 수가 있겠어요?

마침내, 나그네의 병사들이 이웃 나라 군대를 크게 이겨 물리쳤어요. 나그네는 승리의 깃발을 앞세우고 병사들과 함께 궁궐로 돌아왔지요. 임금님은 궁궐 문밖까지 나와서 나그네를 맞이했어요.

"그대의 신기한 재주가 이 나라를 살렸도다."
임금님은 나그네에게 높은 벼슬을 주고, 집과 땅과 많은 돈을 상으로 내렸지요.

똑같은 재주를 가지고도 한 사람은 줄곧 빨래만 빨았는데, 다른 한 사람은 나라도 살리고 높은 벼슬도 얻었답니다.

아침에 세 개, 저녁에 네 개

어떤 할아버지가 원숭이 여러 마리를 기르고 있었어요.

아침저녁으로 많은 원숭이들한테 먹을 것을 주어야 했기 때문에 할아버지의 집은 점점 가난해졌어요. 할아버지는 원숭이들에게 주는 먹이를 줄이기로 마음먹었지요.

다음 날 아침, 할아버지는 원숭이들을 한자리에 모아 놓고 말했어요.

"오늘부터는 너희가 먹을 도토리를 아침에 세

개, 저녁에 네 개씩 주겠다."

　그러자 원숭이들은 꺅꺅 소리를 지르며 펄펄 뛰는 거예요. 싫다는 뜻이죠.

　할아버지는 곰곰이 생각했어요. 그러고는 다시 이렇게 말했답니다.

　"그렇다면…… 아침에 네 개, 저녁에 세 개를 주마."

　그제야 원숭이들은 좋아라고 박수를 치더라지 뭐예요. 어차피 하루에 도토리 일곱 개씩을 받기는 마찬가지인데 말이죠.

사마귀가 앞다리로 수레를 막다

　임금님이 신하들을 거느리고 사냥을 나갔어요. 임금님이 탄 수레가 앞장을 서고, 뒤에는 활과 창을 든 병사들이 따라가고 있었지요.
　그런데 잘 달리던 말이 갑자기 앞발을 쳐들면서 '히이잉' 울더니, 뚝 멈추어 서는 거예요.
　임금님은 고개를 쭉 빼고는 말의 앞쪽을 보았어요. 거기에는 웬 벌레 한 마리가 앞다리를 도끼처럼 휘두르며 떡 하니 버티고 서 있지 뭐예요.
　"여봐라, 저기 말 앞에 버티고 서 있는 게 무엇

인고?"

　임금님이 수레를 모는 마부한테 물으니, 그가 이렇게 대답했어요.

　"저것은 사마귀라는 벌레입니다. 벌레들 중에서는 가장 힘이 세고 사나운 녀석이지요."

　"그런데 저 녀석이 지금 무얼 하고 있는 게냐?"

　"사마귀는 앞으로 나아갈 줄만 알지, 뒤로 물러설 줄은 모르는 놈이지요. 아마 임금님의 수레를 제 힘으로 막아 보려는 모양입니다."

　그 말은 들은 임금님은 고개를 끄덕였지요

　"껄껄껄, 참으로 어리석은 벌레로구나. 만약에 저 벌레가 사람이었다면 틀림없이 아주 용감한 장수가 되었을 텐데……. 비록 하찮은 벌레이긴 하지만 그 용기가 갸륵하구나. 수레를 돌려 옆으로 비켜 지나가거라."

도둑을 도와준 주인

어떤 사내가 아주 귀한 보물을 얻었답니다. 정말이지 누구라도 탐을 낼 만한 값진 보물이었지요. 사내는 혹시라도 누가 자기 보물을 훔쳐 갈까 봐 걱정이 태산이었어요.

"아무도 이 보물을 훔쳐 가지 못하게 꼭꼭 숨겨 두어야겠어."

사내는 먼저 보물을 작은 보석함에 넣었어요. 그런 다음, 보자기로 그 보석함을 잘 감쌌지요. 그래도 마음이 놓이질 않았어요.

이번에는 보자기로 싼 보석함을 다시 커다란 궤짝 안에 넣었어요. 물론 자물쇠도 단단하게 채웠지요. 그러고도 안심이 되질 않아서, 그 궤짝을 굵은 밧줄로 꽁꽁 묶었답니다.

"휴…… 이 정도면 제아무리 힘센 도둑이라도 내 보물을 훔쳐 가지 못하겠지."

그제야 사내는 두 다리를 쭉 뻗고 잠자리에 들 수가 있었답니다.

그런데 그날 밤, 사내가 걱정한 것처럼 정말 도둑이 들었지 뭐예요. 도둑은 한눈에 그 궤짝을 알아보았어요.

"도대체 얼마나 귀한 보물이 들었기에, 이렇게 꽁꽁 묶어 놓았담?"

도둑은 궤짝을 묶어 놓은 밧줄을 손으로 잡아당겨 보았어요. 그러고는 궤짝을 통째로 등에 짊어지며 말했지요.

"허허허, 들고 가기 좋으라고 아주 단단히도 묶어 놓았군그래."

이튿날 아침, 잠에서 깬 사내는 보물 궤짝이 없어진 것을 알게 되었어요.
"아니, 내 보물, 내 보물 궤짝……."

집 안 구석구석을 샅샅이 뒤져 보았지만, 궤짝 그림자도 찾을 수 없었지요.

그제야 사내는 방바닥에 털썩 주저앉아 땅을 치며 후회하더랍니다.

"도둑놈이 내 보물 궤짝을 통째로 들고 가 버렸구나! 내가 도둑을 도와준 꼴이 되었구나!"

이맛살만 찌푸리면 다 예쁜가

'서시'라는 이름의 미녀가 살았어요. 어찌나 아름다운지 나라 안에 소문이 자자했지요.
그런데 서시한테는 가슴앓이 병이 있었어요. 그래서 늘 가슴에 손을 얹고 이맛살을 찌푸렸지요.
그것을 본 마을 사람들은 입을 모아 말했어요.
"역시 서시는 빼어난 미녀야."
"그러게나 말일세. 아무리 이맛살을 찌푸려도 아름답기만 하네그려."

그런데 서시와 같은 마을에 아주 못생긴 추녀도 살고 있었어요. 추녀는 마을 사람들이 하는 말을 듣고는, 혼자 생각했어요.

"이맛살을 찌푸리는 게 아름답다고?"

그 뒤로 추녀는 서시와 똑같이 가슴에 손을 얹고 이맛살을 찌푸린 채 돌아다녔어요. 그것을 본 마을 사람들은 얼른 문을 걸어 잠그며 말했어요.

"가뜩이나 못생긴 여자가 얼굴까지 찡그리고 돌아다니니, 차마 눈뜨고 볼 수가 없군그래."

작은 걸 버려야 큰 걸 얻지

'기'(다리가 하나뿐인 상상의 동물)가 노래기한테 물었어요.

"나는 외발로 껑충거리며 다니지만, 그것조차도 힘이 들어요. 그런데 당신은 어떻게 수십 개나 되는 다리를 한꺼번에 움직일 수가 있나요?"

그러자 노래기가 대답했어요.

"혹시 사람이 재채기하는 걸 본 적 있나요? 그때 입에서 크고작은 침방울들이 수없이 뿜어져 나오는데, 그 침방울들은 재채기하는 사람의 생각과는 아무 상관 없이 그저 자연스럽게 흩어져 떨어지지요."

"그런데요?"

"내가 다리를 움직이는 것도 마찬가지랍니다. 그저 마음이 시키는 대로 자연스럽게 움직일 뿐, 다리 하나하나를 어떻게 움직여야겠다고 생각하지 않거든요."

이번에는 노래기가 뱀한테 물었어요.

"나는 수십 개나 되는 다리를 바삐 움직이는데도 당신을 따라갈 수가 없어요. 어떻게 다리 하나도 없이 그렇게 빨리 갈 수 있죠?"

그러자 뱀이 대답했어요.

"나는 그저 마음이 시키는 대로 자연스럽게 몸을 움직일 뿐이에요. 그러니 다리 같은 게 무슨 필요가 있겠어요."

이번에는 뱀이 바람한테 물었어요.

"나는 온몸을 움직여서 앞으로 나아가지만, 당신은 휙휙 소리만 내면서 세상 어디든지 마음대로 다니지요. 도대체 그 비결이 무언가요?"

그러자 바람이 대답했어요.

"그래요, 당신 말처럼 나는 어디든지 마음대로 다니지요. 하지만 누가 내 앞에 손가락 하나만 세워도 나는 그 손가락을 꺾지 못해요. 또 누가 내게 발길질을 해도 나는 그것을 막지 못하지요."

"하지만 당신은 큰 나무도 뿌리째 뽑아 버리고, 커다란 집도 통째로 날려 버릴 수 있잖아요?"

"바로 그거예요. 내 앞을 막아서는 자잘한 것들을 일일이 싸워 이기려 하다가는, 결코 큰일을 이룰 수 없지요. 내가 세상 어디든지 마음대로 다닐 수 있는 건, 바로 작은 것들한테 져 주기 때문이랍니다."

우물 안 개구리의 자랑

넓은 바다에 사는 자라가 뭍으로 놀러 나왔다가, 어느 우물가에서 개구리를 만났어요.

개구리는 다 허물어진 우물 난간에 앉아 자라한테 자랑을 늘어놓았어요.

"내가 사는 우물이 얼마나 멋진 곳인지 아는가?"

"어디 한번 말해 보게."

"나는 우물 속에서 마음대로 헤엄을 칠 수도 있고, 지금처럼 우물 난간에 올라앉아 편히 쉴 수도 있지. 게다가 진흙 바닥을 헤집어 흙탕물을 만들어 버릴 수도 있어. 이 우물 안에서 노니는 것이 바로 나의 즐거움이라네."

개구리는 어깨를 으쓱하며 뽐내듯이 말했어요.

"어떤가? 자네도 내 우물 안을 구경해 보고 싶지 않나?"

자라는 개구리의 말에 귀가 솔깃해졌어요. 난생 처음 우물이란 곳을 구경해 보고도 싶었지요.

그래서 자라가 우물 속으로 들어가려는데…… 그만 몸통이 우물에 꽉 끼어서 더는 들어갈 수가 없지 뭐예

요. 하는 수 없이 도로 우물 밖으로 몸을 빼고 말았지요.

자라가 한숨을 돌리고는 개구리한테 말했어요.
"자네가 자랑하는 우물이란 곳이 이렇게 좁은 곳인 줄은 몰랐네."
"차라리 내가 사는 바다 이야기를 들려주겠네."
"바다? 그게 어떤 곳인가?"
"바다는 일 년 열두 달 헤엄쳐 가도 그 끝에 닿을 수 없는 넓은 물이라네. 아무리 홍수가 나도 바닷물은 늘어나지 않고, 또 아무리 가뭄이 들어도 바닷물은 줄어들지 않아. 그 바다에서 노니는 것이 바로 나의 즐거움이라네."
자라의 말에 개구리는 그만 얼이 빠져서 할 말을 잃고 말았대요.

남의 걸음걸이를 흉내 내다가

먼 옛날, 중국 연나라의 수릉이라는 고장에 한 젊은 사내가 살았더랍니다. 하루는 길을 가다가 사람들이 나누는 이야기를 엿듣게 되었지요.

"우리 친척 하나가 조나라의 서울인 한단에 다녀왔는데, 거기 사람들의 걸음걸이가 여간 멋진 게 아니라더군."

"나도 그런 소문을 들은 적이 있네. 한단 사람들은 마치 학처럼 사뿐사뿐 걷는다면서?"

사내는 귀가 솔깃해졌어요.

'그렇다면, 나도 한단으로 가서 그 멋진 걸음걸이를 배워 와야겠군.'

사내는 여러 날을 걸어서 마침내 한단에 이르렀어요. 그의 눈에 비친 한단 사람들의 걸음걸이는 정말 멋있었지요.

사내는 길거리에 쪼그리고 앉아서 한단 사람들이 걷는 모습을 눈여겨보았어요. 발은 어떻게 들어 올리는지, 발을 얼마쯤 벌려 내딛는지, 팔은 어떻게 앞뒤로 젓는지, 고개는 어떻게 가누는지……. 그 모든 것을 꼼꼼하게 살핀 다음, 자기도 그대로 따라서 해 보았어요.

하지만 아무리 연습해도 잘 되지가 않는 거예요. 연습하면 할수록 꼭두각시 인형처럼 엉거주춤한 자세만 나왔지요. 결국, 한단 사람들의 걸음걸이 배우는 걸 그만두기로 했어요.

"차라리 그냥 내가 걷던 대로 걷는 게 낫겠어."

사내는 고향으로 돌아가려고 발길을 돌렸어요. 그런데 이게 웬일입니까? 자꾸 발이 꼬이고 뒤엉키지 뭐예요. 아무리 똑바로 걸으려고 해도 자꾸

자꾸 엎어지기만 했지요.

"어, 어, 내가 본래 어떻게 걸었더라?"

사내는 본래의 자기 걸음걸이를 까맣게 잊어버린 것이지요. 하는 수 없이 엉금엉금 기어서 고향으로 돌아갈 수밖에 없었대요. 천 리나 되는 먼 길을 말이에요.

올빼미의 쓸데없는 걱정

'원추'라는 새가 있어요. 세상 이쪽 끝에서 저쪽 끝까지 자유롭게 훨훨 날아다니는, 아주 커다랗고 멋진 새지요.

원추는 아무리 지쳐도 오동나무가 아니면 앉지를 않아요. 아무리 배가 고파도 멀구슬나무 열매가 아니면 먹지를 않고, 또 아무리 목이 말라도 깨끗한 아침 이슬이 아니면 마시지를 않지요.

마침 올빼미 한 마리가 썩은 들

쥐 고기를 뜯어먹으려다가, 자기 머리 위로 날아가는 원추를 발견했어요.

올빼미는 날개로 얼른 들쥐를 감추면서, 원추한테 '꽥' 소리를 질렀어요. 원추가 자기 먹이를 빼앗을까 봐 겁이 난 것이지요.

날아가던 원추는 올빼미를 내려다보며 말했어요.

"참 어리석은 올빼미로구나. 이 몸은 썩은 들쥐 따위에는 아무런 관심도 없느니라."

새한테 술은 왜 먹여

"임금님, 지금 궁궐 밖 커다란 나무에 '해조'가 날아와 앉았다고 합니다."

"해조라면 백 년에 한 번 볼까 말까 한 귀한 새가 아니더냐? 어서 그 새를 궁궐 안으로 모셔 오너라."

임금님은 해조를 높은 자리에 앉혀 놓고, 신하들에게 좋은 음식을 있는 대로 내오라고 시켰어요. 신하들은 소고기 돼지고기 양고기로 만든 먹음직스러운 요리에다가 오래 묵은 귀한 술까지 내

왔지요.

"모처럼 귀한 손님이 오셨는데, 음악이 빠져서야 쓰나. 악사들은 해조 님을 위하여 풍악을 울려라."

임금님이 시킨 대로, 수십 명의 악사들이 손에 손에 악기를 들고 나와서는 한꺼번에 연주를 시작했지요.

잔치는 사흘 동안이나 이어졌어요. 하지만 해조는 그 잔치 자리가 괴롭기만 했지요. 소고기 돼지고기 양고기에서 나는 느끼한 냄새 때문에 속이 울렁거렸고요, 시큼한 술 냄새 때문에 머리가 어지러웠어요. 게다가 사흘 내내 쉬지 않고 울려 대는 시끄러운 악기 소리 때문에 귓속이 다 윙윙거렸지요.

마침내 해조는 고기 한 조각, 술 한 방울 입에 대

지 못한 채 시름시름 앓다가 죽고 말았어요. 그제야 임금님은 가슴을 치며 뉘우쳤대요.
"아이고, 내가 어리석었구나. 차라리 숲속에서 벌레나 잡아먹고 살게 내버려 둘걸……."

매미 잘 잡는 곱사등이 아저씨

한 아이가 산길을 가는데, 등이 굽은 곱사등이 아저씨가 매미를 잡고 있더래요. 그런데 그 아저씨 매미 잡는 솜씨가 어찌나 귀신같은지, 마치 매미를 손으로 주워 담는 거 같았어요.

아이가 곱사등이 아저씨한테 물었지요.

"아저씨는 어떻게 매미를 그리 쉽게 잡으셔요?"

그러자 곱사등이 아저씨가 고개를 돌려 말했어요.

"왜? 너도 매미를 잡아 보고 싶으냐?"

"예! 하지만 제가 매미를 잡으려고 손을 뻗으면, 매미들은 얼른 달아나 버리거든요."

곱사등이 아저씨는 빙그레 웃으며 말했어요.

"먼저, 긴 막대기 끝에 동그란 공 두 개를 겹쳐서 올려놓고, 그걸 떨어뜨리지 않도록 연습한단다. 연습이 잘 되면, 다음에는 공 세 개를 겹쳐서 또 연습을 하지. 이것을 성공하면, 열 번에 아홉 번은 매미를 놓치지 않고 잡을 수 있단다."

"하지만 아저씨는 단 한 번도 매미를 놓치지 않으시잖아요?"

"나는 막대기 끝에 공을 다섯 개까지 올려놓고 연습했단다. 그렇게 연습하다 보니, 어느새 몸은 말뚝처럼 꼼짝하지 않고, 팔은 나뭇가지처럼 흔들리지 않게 되었지. 그때부터는 내가 아무리 여러 번 팔을 뻗어도 매미들이 전혀 알아채지를 못하더구나. 뜻을 하나로 모으니 마음이 흩어지지 않게 된 것이지."

싸움을 가장 잘하는 닭

닭을 아주 잘 기르는 사람이 있었어요.

하루는 임금님이 그 사람을 불러들여 말했어요.

"짐이 힘센 수탉 한 마리를 너에게 맡길 터이니, 싸움을 가장 잘하는 닭으로 만들어 오너라. 이 닭은 이웃 나라 임금과 벌이는 닭싸움 대회에 내보낼 닭이니라."

"예, 그리하겠습니다."

닭 기르는 사람은 임금님의 수탉을 데리고 집으로 돌아왔어요. 그러고는 자기만의 방법으로 그

닭을 길들이기 시작했지요.

열흘이 지나, 임금님이 보낸 신하가 닭 기르는 사람을 찾아와 물었어요.

"이제 닭을 싸움에 내보내도 되겠는가?"

"아직은 안 됩니다. 쓸데없이 날개를 푸드덕거리며 힘자랑을 해 대거든요."

열흘 뒤, 임금님의 신하가 또 찾아왔어요.

"이제 닭을 싸움에 내보내도 되겠는가?"

"아직은 안 됩니다. 다른 닭의 울음소리를 들으면 당장에 덤비려고 하거든요."

열흘 뒤, 임금님의 신하가 또 찾아왔어요.

"이제 닭을 싸움에 내보내도 되겠는가? 닭싸움 대회가 얼마 남지 않았단 말일세."

"아직도 안 됩니다. 다른 닭이 나타나면 무섭게 노려보면서 화를 내거든요."

또다시 열흘이 지났어요. 임금님의 신하가 찾아와, 몹시 속이 타는 표정으로 물었지요.

"여보게, 아직도 닭을 싸움에 내보낼 수 없는가? 임금님께서 애타게 기다리신단 말일세."

닭 기르는 사람은 빙그레 웃으며 대답했어요.

"이제는 싸움에 내보내도 좋습니다. 다른 닭들이 아무리 울어 대도 눈 하나 깜짝하지 않으니까요."

"고맙네, 정말 고맙네!"

임금님의 신하는 얼른 그 싸움닭을 받아들고 궁궐로 돌아갔어요.

마침내 이웃 나라와 닭싸움 대회가 벌어졌어요. 닭 기르는 사람한테 길들여진 싸움닭과 이웃 나라의 싸움닭이 마주 섰지요.

이웃 나라 싸움닭은 날개를 푸드덕거리며 '꼬꼬댁 꼬꼬댁'

목청껏 소리를 질러
댔어요. 두 발로 펄쩍
뛰어오르며 날카로운 발
톱으로 겁을 주기도 했지요.
 하지만 길들여진 싸움닭은
상대편 닭이 하는 짓을 가만히
바라보고만 있었어요. 마치 나무
를 깎아서 만든 닭처럼 꼼짝도 하지 않았지요.
 그러자 상대편 닭은 저 스스로 겁을 먹고는 달
아나 버리더래요.

까치야 까치야 뭐 하니?

한 사냥꾼이 숲길을 거닐고 있었어요.
그런데 커다란 까치 한 마리가 사냥꾼의 머리 위를 지나서 밤나무 숲으로 날아갔어요.
"저렇게 큰 까치는 처음 보는걸. 저놈을 꼭 잡아야겠어."
사냥꾼은 얼른 까치를 뒤쫓아 밤나무 숲으로 들어갔지요.
까치는 조금 더 날다가 어느 밤나무 가지에 내려앉았어요. 그러고는 꼼짝도 하지 않은 채, 무언가를 뚫어지게 바라보는 것이었어요.

'어리석은 까치로구나. 자기가 곧 죽을 것도 모르고, 무얼 저리 바라본단 말인가?'

사냥꾼은 씨익 웃으며, 그 까치를 향해 슬그머니 활을 겨누었어요.

그때 사냥꾼의 눈에 사마귀 한 마리가 들어왔어요. 까치가 노리는 것은 바로 그 사마귀였던 거예요.

그런데 그 사마귀는 또 밤나무 줄기에 붙어서 울고 있는 매미를 노리고 있었어요. 까치가 자기를 잡아먹으려는 줄은 까맣고 모른 채 말이지요.

사냥꾼은 마치 벼락이라도 맞은 것처럼 정신이 번쩍 들었어요.

"아! 그렇구나. 매미는 자기가 위험에 빠진 줄도 모른 채 노래 부르는 데만 정신이 팔려 있고, 사마귀는 자기가 위험에 빠진 줄도 모른 채 매미한테

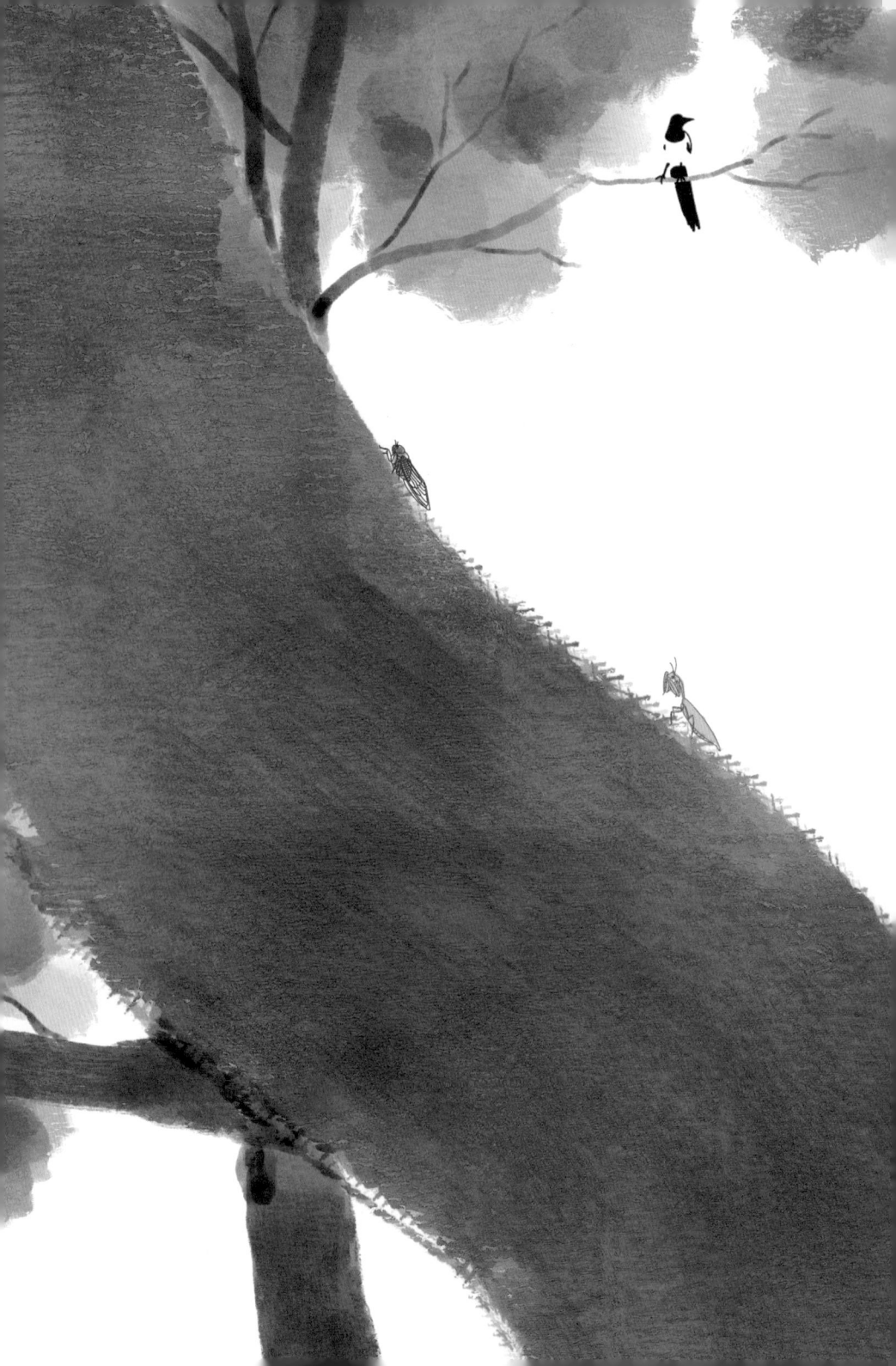

만 정신이 팔려 있고, 까치는 자기가 위험에 빠진 줄도 모른 채 사마귀한테만 정신이 팔려 있구나."

사냥꾼은 까치한테 겨누었던 활을 땅바닥에 툭 떨어뜨리고 말았어요. 그러고는 혼잣말로 말했어요.

"이처럼 세상의 모든 이로움은 해로움과 맞물려 있는 법이구나. 내가 저 까치를 노리는 동안, 나에게 어떤 위험이 닥칠지도 모르는 일이야."

사냥꾼은 서둘러 그 밤나무 숲을 빠져나오려고 했어요. 그것을 본 밤나무 숲 주인이 사냥꾼의 뒷덜미를 잡아챘어요.

"남의 땅에 들어와 무얼 훔쳐 가는 게냐? 이 못된 도둑놈아!"

비록 밤 한 톨 훔치지 않았지만, 사냥꾼은 밤나무 숲 주인한테 톡톡히 망신을 당하고 말았답니다.

나 혼자는 할 수 없어요

'장석'은 도끼를 잘 다루기로 이름난 사람이었어요. 그에게는 '영인'이라는 둘도 없이 친한 친구가 있었지요.

장석은 영인의 코끝에 하얀 흙칠을 하고서는, 바람 소리가 날 정도로 도끼를 휙 휙 휘둘러 댔어요. 구경하는 사람들조차 가슴이 조마조마해서 손에 땀을 쥐는데, 영인은 그저 눈만 지그시 감고서는 나무토막처럼 가만히 앉아 있었지요.

어느새 영인 코끝에 바른 흙칠은 감쪽같이 벗겨

져 나갔어요. 장석이 휘두른 도끼날이 그 흙칠을 벗겨 낸 것이지요.

  사람들은 모두 혀를 내두르며 감탄했어요.

  "장석의 도끼질 솜씨는 진짜 대단해!"

  세월이 흘러, 그 소문은 임금님 귀에까지 들어갔어요. 임금님은 당장 장석을 궁궐로 불러들였지요.

  "자네의 도끼질 솜씨가 그렇게 대단하다면서? 어디 내 앞에서 그 솜씨를 한번 보여 주게. 사람의 코끝에 바른 흙칠을 벗겨 낸다는 그 재주 말일세."

  하지만 장석은 머리를 떨구며 대답했어요.

  "안타깝지만, 이제는 그 재주를 보여 드릴 수가 없습니다."

  "아니, 도대체 왜 보여 줄 수 없다는 말인가? 설마 손이라도 다친겐가?"

  "아닙니다. 제 친구 영인이 죽어서 없기 때문이

지요. 제가 휘두르는 도끼에 자신의 코끝을 맡기고도, 마음이 조금도 흔들리지 않는 사람은 오직 영인뿐이랍니다."

날아가는 화살을 잡는 원숭이

하루는 임금님이 병사들을 거느리고 산으로 사냥을 갔어요.

그 산은 원숭이들이 많이 사는 곳이었죠. 이 나무에도 원숭이, 저 나무에도 원숭이, 원숭이들은 나무 열매를 따 먹으며 저희들끼리 장난을 치고 있었어요.

갑자기 말을 타고 활과 칼을 든 사람들이 나타나자, 원숭이들은 죄다 '아이고 무서워라' 하면서 후닥닥 깊은 숲속으로 달아났지요.

그런데 이게 웬일이죠? 원숭이 한 마리가 달아날 생각은 하지 않고, 나뭇가지 사이로 휙 휙 뛰어다니지 뭐예요. 꼭 '나 잡아 봐라' 하며 약을 올리듯이 말이에요.

임금님은 그 원숭이한테 화살을 하나 쏘았어요. 그랬더니 원숭이가 옆으로 슬쩍 피하면서 날아오는 화살을 맨손으로 잡는 거예요.

"아니, 세상에 이럴 수가!"

임금님은 다시 화살 하나를 쏘았어요. 이번에도 원숭이는 그 화살을 맨손으로 잡았지요.

화가 난 임금님은 신하들에게 소리쳤어요.

"여봐라! 모두 한꺼번에 화살을 쏘아라!"

원숭이는 날아드는 화살을 피하려고 재주를 부리듯 이리 뛰고 저리 뛰고 했지요.

하지만 그 많은 화살을 어떻게 다 피할 수 있겠어요. 끝내는 가슴에 화살을 맞고는 나무에서 떨어지고 말았답니다.

자기 재주만 믿고 까불다가 하나뿐인 목숨을 잃은 것이지요.

고깃국 먹을 팔자

옛날에 '자기'라는 사람이 살았대요. 자기한테는 여덟 명의 아들이 있었지요.

하루는 자기가 관상쟁이를 불러, 여덟 아들의 관상을 보아 달라고 했어요. 관상쟁이는 여덟 아들의 얼굴을 하나하나 꼼꼼히 살펴보았지요.

"어떻소? 우리 아들들 가운데 누가 가장 팔자가 좋겠소?"

자기가 묻는 말에 관상쟁이가 대답했어요.

"막내아들이 가장 팔자가 좋겠구려."

"그래요? 도대체 어떤 팔자기에 그러오?"

"막내아들은 나중에 커서 임금님처럼 평생 고깃국을 먹고 살 것이오."

그러자 갑자기 자기는 굵은 눈물을 뚝뚝 흘리며 우는 것이었어요.

"아니, 당신 아들이 고깃국을 먹을 팔자라는데, 왜 우시오?"

"내가 지금까지 한 번도 양을 기른 적이 없는데, 갑자기 안방 아랫목에 양이 한 마리 앉아 있다면 어떤 생각이 들겠소?"

"그야 이상한 일이라고 생각하겠지요."

"또, 내가 지금까지 한 번도 사냥을 해 본 적이 없는데, 갑자기 방구석에 메추라기 한 마리가 놓여 있다면 어떤 생각이 들겠소?"

"역시 이상한 일이라고 생각하겠지요."

"바로 그것이오. 나는 지금까지 우리 아들들과 함께 땀 흘려 농사를 지으며, 자연의 법칙에 따라

살아왔다오. 그런데 우리 막내가 갑자기 고깃국을 먹을 팔자가 된다면, 그것은 분명 우리 막내한테 무슨 이상한 일이 생긴다는 뜻이 아니겠소? 그러니 어찌 슬퍼하지 않겠소."

그로부터 여러 해가 지난 뒤, 막내아들이 아버지의 심부름으로 큰 도시에 다녀오게 되었어요. 그런데 가는 도중에 산적들한테 붙잡히고 말았어요.
"네 이놈! 가지고 있는 돈을 다 내놓아라."
하지만 막내아들한테는 돈이 한 푼도 없었어요. 산적들은 화가 났지요.
"두목님! 우리 이놈을 이웃나라에 노예로 팔아 버립시다."
"그게 좋겠구나. 두 발이 멀쩡하면 도망치기 쉬워, 사람들이 사려고 하지 않을 게다. 그러니 당장 이놈의 한쪽 발꿈치를 베어 버려라."
산적들은 막내아들의 한쪽 발꿈치를 베어 버렸

어요. 막내아들은 그만 절름발이가 되고 말았지요.

산적들은 돈을 받고 막내아들을 이웃나라 사람한테 팔아 버렸어요.

막내아들은 절름발이가 되었기 때문에 무거운 짐을 나르거나 여기저기 돌아다니는 일은 할 수가 없었어요. 그래서 임금님이 사는 궁궐의 문지기가 되었지요. 막내아들은 하루 종일 긴 창을 들고, 허수아비처럼 궁궐 문 옆에 서 있기만 했어요.

하지만 끼니때가 되면 어김없이 고깃국을 먹을 수 있었어요. 아무튼 관상쟁이의 예언은 맞아떨어진 셈이지요. 물론 아버지의 걱정도 맞아떨어졌고요.

지금 주세요

어떤 사람이 말이 끄는 수레를 타고 먼 길을 떠났어요.

따그닥 따그닥 한참 길을 가고 있는데, 어디선가 살려 달라고 애타고 부르는 소리가 들리는 거예요.

그래서 수레를 멈추고 둘레를 살펴보았더니, 길섶에 움푹 팬 웅덩이 안에서 잉어 한 마리가 버둥거리고 있지 뭐예요.

"네가 날 불렀느냐?"

"그렇다오. 나는 지금 물이 없어 말라죽게 되었으니, 요 아래 개울에서 물 한 그릇만 떠다가 내 몸에 부어 주시구려."

"미안하지만, 지금은 갈 길이 바쁘단다. 내가 내일 돌아올 적에 맑은 물을 잔뜩 길어다 주마."

이 말을 들은 잉어가 헐떡거리며 겨우 입을 열었어요.

"지금 내게 필요한 건 단 한 그릇의 물이라오. 내일이라면 내 시체나 찾아 보시구려."

이 말을 남기고 잉어는 그만 숨이 끊어져 버렸대요.

큰 고기를 잡으려면

옛날 바다에 아주 커다란 물고기가 살았대요. 고래도 한입에 삼킬 수 있을 만큼 어마어마하게 큰 물고기였지요.

그런데 한 낚시꾼이 이 물고기를 잡기로 마음먹었어요.

낚시꾼은 먼저 대장장이를 찾아갔어요.

"커다란 낚싯바늘을 하나 만들어 주시오. 당신이 만들 수 있는 가장 큰 낚싯바늘을 말이오."

대장장이는 집에 있는 쇠붙이란 쇠붙이는 죄다

화로에 넣어서 녹였어요. 그걸 가지고 엄청나게 큰 낚싯바늘을 만들어 냈지요.

낚시꾼은 대장장이가 만들어 준 낚싯바늘을 굵은 동아줄에 매달았어요.

그런 다음, 쉰 마리나 되는 소를 잡아서 그 낚싯바늘에다 줄줄이 꿰었지요. 물론 그 소들은 낚시질에 쓰일 미끼였지요.

모든 준비를 마친 낚시꾼은 높은 산꼭대기에 올라가, 커다란 낚싯대를 바다에 드리웠어요.

그런데 한 달이 지나고, 두 달이 지나도…… 낚싯대는 조금도 움직이질 않았어요.

그렇게 일 년이란 세월이 지났어요. 사람들은 모두 낚시꾼한테 손가락질을 했지만, 낚시꾼은 그만두질 않았어요.

그러던 어느 날, 낚싯대가 휘청 흔들렸어요. 마침내 그 커다란 물고기가 미끼를 문 거예요. 물고기는 낚싯바늘을 끌고 바다 밑으로 깊숙이 내려갔다가는 다시 물 위로 높이 솟구쳤어요. 그때마다 바닷물이 크게 출렁이면서 태산 같은 파도를 일으켰지요.

그러기를 여러 번 되풀이하던 물고기는 마침내 힘이 다 빠지고 말았어요.

낚시꾼은 사람들을 불러, 그 커다란 물고기를 뭍으로 끌어 올렸어요. 그러고는 물고기의 배를 가르고, 고기를 토막 내어 사람들한테 나누어 주었어요.

그런데 물고기가 어찌나 큰지 살점을 떼어 내고 또 떼어 내도 끝이 없는 거예요. 덕분에 한 마리의 물고기를 가지고 나라 안의 온 백성이 다 배불리 먹을 수 있었지요.

그제야 사람들은 입에 침이 마르도록 낚시꾼을 칭찬하더래요.

"정말 어마어마한 일을 해냈어."

"맞아, 낚시꾼이 진짜로 그 물고기를 잡을 줄 누가 알았어?"

사람들은 그 물고기를 보면서, 큰일을 하려면 역시 계획을 크게 짜야 한다는 걸 깨달았답니다.

나는 상 받기 싫어요

 옛날 어느 나라에 이웃 나라 군대가 쳐들어왔어요. 임금님이 장수와 병사들을 내보내 맞붙어 싸우게 했지만, 오랫동안 싸움 준비를 해 온 이웃 나라의 힘센 군대를 꺾을 수가 없었어요.
 크고작은 싸움에서 거푸 지는 바람에 임금님은 하는 수 없이 궁궐을 버리고 피난길에 올랐어요.
 "아니, 임금님이 피난을 간다고? 이웃 나라 군대가 벌써 여기까지 밀고 들어온단 말이야?"
 "그렇다나 봐요. 어서 우리도 짐을 꾸려 달아납

시다."

임금님이 피난을 떠난다고 하니까, 많은 백성들이 덩달아 그 뒤를 따랐지요. 그런데 개중에는 양을 잡아 고기를 파는 '백정'도 한 명 섞여 있었나 봐요.

얼마 뒤 전쟁이 끝나자 임금님은 궁궐로 돌아왔고, 자기를 따라나섰던 사람들에게 상을 내리기로 했어요. 물론 그 백정한테도 임금님이 내리는 상을 들고 신하가 찾아갔지요.

하지만 백정은 상을 받지 않겠다지 뭐예요.

"임금님께서 나라를 잃으셨을 때, 저는 양고기 파는 일을 잃었습니다. 임금님께서 돌아오시자, 저 역시 양고기 파는 일로 돌아왔습니다. 제 밥벌이를 되찾았으면 됐지, 또 무슨 상을 바라겠습니까?"

신하가 돌아와서 백정이 한 말을 전하자, 임금님은 다시 말했어요.

"억지로라도 주도록 해라."

하지만 백정은 이번에도 또 상을 물리쳤어요.

"임금님께서 나라를 잃으신 것은 제 잘못이 아닙니다. 그러므로 그 벌을 받지 않았습니다. 임금님께서 나라를 되찾으신 것도 제가 잘해서 그런 것이 아닙니다. 그러니까 그 상도 받을 수 없습니다."

그러자 임금님은 아예 그 백정을 궁궐로 데려오라고 명령했지요.

"그 백정이 도대체 어떻게 생긴 녀석인지, 내가 직접 만나 보아야겠다."

하지만 자기를 데리러온 임금님의 신하에게 백정은 이렇게 말했어요.

"우리나라 법에는 큰 공을 세운 사람만 임금님

어린장자 • 93

을 뵐 수 있습니다. 그런데 저에게는 이웃 나라 군사들과 맞서 싸울 힘도 슬기도 없었습니다. 제가 임금님을 따라나선 것은 제 몸이 다칠까 두려워서였지, 임금님께 충성하고자 그런 것은 아니었습니다. 만약 임금님께서 나랏법을 어기면서까지 저를 만나신다면 뭇 백성의 손가락질을 받으실 것입니다."

임금님은 백정을 만나고 돌아온 신하에게 말했어요.

"놀라운 일이로다. 그 백정은 비록 천한 신분이지만 옳은 일을 말하는 데는 뛰어난 지혜를 지녔구나. 그에게 높은 벼슬을 주어 내 곁에 두겠노라!"

그 말을 전해들은 백정은 이렇게 대답했어요.

"왕궁의 벼슬자리가 백정 일보다 훨씬 귀하고 많은 재물이 따른다는 건 저도 잘 알고 있습니다.

하지만 그것이 탐나서 제가 넙죽 받아들이면 어찌 되겠습니까? 우리 임금님은 원칙도 없이 함부로 벼슬을 내린다는, 고약한 소문이 퍼질 겁니다. 바라건대, 제가 양고기 파는 일을 계속하도록 내버려 두십시오."

아, 이러면서 끝까지 상을 받지 않았다지 뭐예요.

다리 밑에서 만나요

미생이라는 이름의 총각이 살았어요. 하루는 미생이 길을 가다가 아주 예쁜 처녀를 하나 보게 되었어요. 미생은 얼른 그 처녀한테 다가가 말을 붙였지요.

"저…… 낭자, 잠깐만요."

미생은 그 처녀한테 한눈에 반했노라고 고백했어요.

처녀는 수줍은 듯 얼굴을 붉혔지만, 씩씩해 보이는 미생이 싫지는 않았어요.

하지만 옛날에는 처녀 총각이 밝은 대낮에 길거리에서 연애를 할 수는 없었지요.
그래서 처녀가 나지막하게 말했어요.
"오늘밤 해가 지면, 다리 밑에서 기다리세요. 제가 그리로 나갈게요."
두 사람은 그렇게 약속한 뒤 헤어졌어요.

어느덧 해가 지고, 마을은 어둠에 잠겼어요.
미생은 두근거리는 가슴을 안고 살금살금 다리 밑으로 내려갔지요. 아직 처녀는 오질 않았어요.
그런데 갑자기 후드득후드득 비가 쏟아지기 시작했어요. 시간이 흐를수록 빗줄기는 점점 굵어졌고, 다리 밑으로 흐르는 강물도 불어났어요.
"이를 어쩌지? 비가 이렇게 많이 내리면 그 낭자가 비에 다 젖을 텐데……."
쏴아쏴아 쏟아지는 장대비를 바라보며 미생은 처녀를 걱정했어요.

그러는 사이 강물이 조금씩 불어나 미생의 발목을 적시고, 무릎까지 차올랐어요. 하지만 처녀는 옷자락 끄트머리도 보이질 않았어요.

그래도 미생은 처녀가 꼭 나와 줄 거라고 굳게 믿었어요.

"비가 많이 와서 좀 늦는 걸 거야. 나와 한 약속을 잊었을 리가 없어."

갈수록 강물은 더 불어나 미생의 허리를 지나 가슴까지 올라왔어요.

미생은 물살에 떠내려가지 않으려고 두 팔로 다리 기둥을 꼭 끌어안았지요.

그러나 끝내 처녀는 나타나질 않았고, 미생은 다리 기둥을 끌어안은 채 물에 잠겨 죽고 말았답니다.

어떻게 그림자를 떼어낼까?

　그림자를 싫어하는 사내가 있었어요. 그 사내는 그림자가 늘 자기 뒤를 졸졸 따라다니는 것이 무척이나 싫었지요.
　"에이, 지긋지긋한 그림자! 언제까지 날 따라올 수 있는지 어디 한번 두고 보자."
　사내는 마구 달리기 시작했어요. 자기가 아주아주 빨리 달리면, 그림자가 쫓아오지 못하리라 생각한 것이지요.
　하지만 사내가 달리면 달릴수록 발자국만 많아

졌고, 그 많은 발자국들을 그대로 따라서 그림자는 계속 쫓아왔어요.

그렇게 한참을 달리다 보니, 사내는 숨이 차고 다리의 힘이 죄다 빠져서 더는 달릴 수가 없게 되었어요.

"아! 이제는 한 걸음도 더 나갈 수가 없어."

마침내 사내는 어느 커다란 나무 밑에 이르러 풀썩 주저앉고 말았지요.

그런데 이게 어찌된 일일까요? 사내가 자기 몸을 살펴보니, 그림자가 감쪽같이 사라진 거예요. 사내가 주저앉은 그곳은 바로 나무 그늘 안이었거든요.

"어? 그림자, 내 그림자가 없어졌네!"

어리석은 사내는 그늘 안에 있으면 그림자가 생기지 않고, 가만히 멈추어 있으면 발자국도 생기지 않는다는 것을 몰랐던 거예요.

보석을 제자리에 갖다 놓아라

옛날 어느 강가에 아주 가난한 집이 하나 있었어요. 그 집 식구들은 강가에서 자라는 갈대를 베어다가, 돗자리나 방석 따위를 짰어요. 그걸 시장에 내다 팔아서 겨우 입에 풀칠을 하며 살았지요.

그러던 어느 날이었어요. 그 집 아들이 강물에서 헤엄을 치다가 강 밑바닥에서 무언가 반짝거리는 것을 보았어요.

"어, 저게 뭐지?"

아들은 강물 속으로 헤엄쳐 들어가, 그것을 집어 가지고 나왔어요. 그것은 세상에 둘도 없이 아름다운 보석이었지요.

아들은 곧장 집으로 달려왔어요.

"아버지, 아버지! 제가 강물 속에서 멋진 보석을 주웠어요."

아들이 내미는 보석을 들여다본 아버지는 얼굴을 잔뜩 찌푸리며 말했어요.

"이것은 흑룡의 보석이 틀림없다. 세상 사람들이 모두 탐을 내는 매우 값진 보물이지."

"그럼, 이걸 내다 팔면 우린 큰 부자가 되겠네요?"

"그렇겠지. 하지만 이것은 우리 것이 아니다. 그러니 얼른 제자리에 갖다 놓아라."

"아니? 아버지, 그게 무슨 말씀이세요?"

"네가 이 보석을 집어 올 수 있었던 것은, 마침 흑룡이 깊은 잠에 빠져 있었기 때문일 게다. 그렇

지 않았다면 너는 한입에 흑룡의 밥이 되고 말았을 거야. 이 보석을 우리 마음대로 했다가는, 우리 집에 큰 화가 미칠 게 틀림없다."

아들은 하는 수 없이 보석을 제자리에 갖다 놓았어요.

그리고 그 집 식구들은 그 강가에서 오래오래 평화롭게 살았대요.

도움말

전쟁과 경쟁의 시대에 〈장자〉를 읽다

　장자(莊子)가 언제 태어나 언제 죽었는지는 정확히 알 길이 없습니다. 다만, 맹자(孟子)와 비슷한 시기인 BC 300년 무렵에 활동한 것으로 여겨집니다. 그 무렵의 중국은 이른바 '전국시대'로 불리는 혼란기이자 격변기였습니다. 중국 땅은 여러 나라로 쪼개져 있었고, 많은 정치가와 사상가들이 서로 나라를 구하고 백성을 이롭게 하겠노라 다투고 있었습니다. 하지만 이러한 다툼 속에서도 정작 백성들의 삶은 고달프기 짝이 없었지요. 마치 오늘날 우리의 현실처럼 말입니다.

　장자는 한때 옻나무 정원을 돌보는 말단 관리직을 맡기도 했으나, 아내가 일찍 세상을 뜬 뒤로는 생애의 대부분을 진리를 탐구하는 일에 쏟았습니다. 이름이 널리 알려져 초나라 위왕이 그를 재상으로 맞아들이려 했으나, 장자는 끝내 사양하고 평생 아무런 벼슬도 지내지 않았다고 합니다.

장자의 삶과 생각은 〈장자〉라는 한 권의 두툼한 책으로 남았습니다. 모두 33편으로 이루어진 이 책은 내편 7, 외편 15, 잡편 11로 나뉩니다. 그 가운데 내편이 비교적 장자의 본뜻을 제대로 담고 있으며, 나머지 부분은 노자를 비롯한 다른 사상가들의 생각과 섞인 것이라고 합니다. 오늘날 〈장자〉는 〈도덕경〉, 〈열자〉와 더불어 도가(道家) 사상을 대표하는 세 권의 책(도가3서) 가운데 하나로 손꼽힙니다.

〈장자〉에는 성경에 나오는 예수의 '비유'나 불경에 나오는 부처의 '전생 이야기(자타카)'에 견줄 만큼, 재미와 교훈을 함께 갖춘 옛이야기들이 책갈피마다 숨어 있습니다. 저는 개인적으로 장자에 나오는 이야기들의 가치가 재미로나 깊이로나 〈이솝 우화〉를 뛰어넘는다고 봅니다. 그만큼 장자가 타고난 이야기꾼이자 설교자였다는 말이지요.

하지만 장자가 남긴 이야기들은 어렵다는 선입견 탓인지 아니면 대한민국의 사회 분위기가 유가(儒家) 쪽으로 기운 탓인지, 우리 어린이들에게 별로 알려지지를 않앉습니다. 이 점을 안타깝게 여긴 나머지, 모자란 재주로 감히 〈장자〉 풀어쓰기에 덤벼든 것입니다.

저는 먼저, 〈장자〉에 실린 숱한 우화 가운데 어린이들과 함께 나눌 만한 이야기 스물네 편을 가려 뽑았습니다. 그것들을 되도록 쉽고 재미나게 풀어쓰고자 공을 들였습니다. '어린장자'라는 가상의 이야기꾼을 등장시킨 것도 한 가지 방편이었고요. 그런데 쉽게 풀어쓰는 데 힘을 쏟다 보니, 혹시라도 장자의 본뜻을 다치게 하지나 않았는지 두려움도 생깁니다. 이 점에 대하여는 여러 〈장자〉 연구자들의 꾸지람과 지적을 달게 받으렵니다.

장자가 살던 전국시대(戰國時代)는 치열한 싸움과 경쟁의 시대였습니다. 오늘날 우리의 삶도 그 시절과 다를 게 없습니다. 나라와 나라가 싸우고, 개인과 개인이 경쟁합니다. 어른들은 물론이고, 마음껏 뛰놀아야 할 어린이들마저 숨 막히는 경쟁 속으로 내몰립니다. 너도나도 "더 많이, 더 높이, 더 빨리"를 외치면서 정신없이 달음질하느라 자신이 누구인지조차 잊어버립니다. 돈, 학벌, 권력만 손에 쥐면 행복해질 줄 알았는데, 행복은커녕 오히려

자기 인생을 망쳐 버리기 일쑤지요.

　장자는 남을 짓밟고 자신만 우뚝 서는 삶이 아니라, 함께 더불어 사는 공존을 이야기합니다. 사람과 사람, 사람과 자연이 조화롭게 어우러져 살아야 한다고요. 나무는 나무대로, 동물은 동물대로, 인간은 인간대로, 제 자리를 지키며 저마다의 본성에 충실하게 살면 그만이라고요. 인간도 자연에서 나왔으니 자연으로 돌아가면 그뿐이라고요.

　만약 우리 인간이 그렇게 살아왔다면, 이즈음 인류가 겪고 있는 '코로나19'라는 끔찍한 재앙은 애당초 생겨나지도 않았을 것입니다.

　끝으로, 이 책을 읽는 어린이들의 마음속에 작은 씨앗이 하나둘 움트길 손 모아 빕니다. 생명 존중의 씨앗, 자유의 씨앗, 평화의 씨앗…… 이 작은 씨앗들이 무럭무럭 자라난다면, 다음 세대는 지금 우리 세대보다는 한결 아름답고 평화로운 세상이 되리라 믿습니다.

'이기는 삶' 대신 '더불어 삶'을 꿈꾸며 **정해왕**